Não tenha medo do **Sol**

Não tenha medo do Sol

Helen S.

Copyright © 2023 by Editora Letramento
Copyright © 2023 by Helen S.

Diretor Editorial Gustavo Abreu
Diretor Administrativo Júnior Gaudereto
Diretor Financeiro Cláudio Macedo
Logística Daniel Abreu e Vinícius Santiago
Comunicação e Marketing Carol Pires
Assistente Editorial Matteos Moreno e Maria Eduarda Paixão
Designer Editorial Gustavo Zeferino e Luís Otávio Ferreira
Revisão Lorena Camilo
Capa Clara Malaquias
Registro fotográfico Raiz de Maria
Diagramação Isabela Brandão

Todos os direitos reservados. Não é permitida a reprodução desta obra sem aprovação do Grupo Editorial Letramento.

Dados Internacionais de Catalogação na Publicação (CIP)
Bibliotecária Juliana da Silva Mauro - CRB6/3684

S111n   S., Helen
Não tenha medo do sol / Helen S. - Belo Horizonte : Letramento, 2023.
114 p. ; 21 cm. - (Temporada)
ISBN 978-65-5932-346-3
1. Afetividade. 2. Negritude. 3. Autoconhecimento. 4. Descobertas. I. Título. II. Série.
CDU: 82-1(81)   CDD: 869.91
Índices para catálogo sistemático:
1. Literatura brasileira - Poemas 82-1(81)
2. Literatura brasileira - Poesia 869.91

GRUPO ED. LETRAMENTO
LETRAMENTO EDITORA E LIVRARIA
Caixa Postal 3242 – CEP 30.130-972
r. José Maria Rosemburg, n. 75, b. Ouro Preto
CEP 31.340-080 – Belo Horizonte / MG
Telefone 31 3327-5771

TEMPORADA
É O SELO DE NOVOS AUTORES
DO GRUPO EDITORIAL LETRAMENTO

Primeiro lance – a palavra como semente

Ficar sem palavras diante de palavras
foi o que me moveu
durante anos
a buscar aprender a viver
de escrever.

"Escreve ou devora-te"
era o que eu repetia
nos momentos de sufoco e perdição.
Como quem tem a palavra como instrumento,
como semente e como pedra,
eu lançava.

Usava água como quem usava ponto e vírgula,
nutria vasos-linhas
embora a água fosse
raiz do medo do final.

Minha condição de território
me deixava livre, suscetível ao nascimento de gente.
Gente-planta que brotava em mim letras,
lugar onde qualquer talinho, folha ou semente
tinha espaço para germinar.

Uns chegavam a galope
mesmo quando meus frutos estavam secos.
Queriam afobados satisfazer seus desejos,
esses nunca enraizaram.

Umas chegavam pelos ares,
a vento e voo.
E assim muitas também partiam,
tinham pousado na estação em momento descabido.

Segundo lance – a palavra como instrumento

Demorei a me tocar.
No íntimo um descontrole
desabafava em sonoras ondas
diante da maré cheia
exposta até ao vento.

A palavra testando
um, dois, um, dois
sem
um, dois, um, dois,
som
provocou ruídos
sua ausência,
desentendimento;
sua omissão;
fantasia.

Apetecia
me constituir
uma espécie dominante das palavras.

Eu cheia de malícia,
das vezes que notava a presença da distância
afinava,
desembaraçava o instrumento linguístico:
A
E
I
O
U
Ginga
U
O
I
E
A
Gingava para cá e para lá
gingava pra poeira subir
gingava para com a palavra tocar.

Terceiro lance - a palavra como pedra

Nadar contra as ondas
não me deu mais do que pedras
nos meus dedos
dos pés e das mãos.
Também algumas na garganta,
mas essas
ruminavam pra dentro.
Olho ao redor,
sinto a fome de um rio de pedras.
Junto palavras dos escombros de dentro
danificados
pelo caminho
e faz é tempo!
A despeito das mudanças de números,
peças
signos
na integração a massa segue a pés descalços.

Meu corpo espremendo na borboleta para me encaixar
na asa que somente gira
se a moeda que faz o inanimado avançar
paralisar o que é vida.

Sentir que precisava usar uma pedra no peito
pra saber que posso
voltar
por outro caminho
e seguir sem as amarras do tempo.

Olhos vivos - primeiros pretextos da jornada

Mover terra é questão de pisar no lugar da pedra
porque dormir feio no chão do verso da existência
e pular de galho em galho numa árvore
são convites estranhos.

Mas Marama me fez
gingar a língua,
estar a dedos de afastar ventos e folhas de sol
para dar saúde à pulsão de derramar pedras sobre o solo
e tocar a conexão de preencher a expectativa,
apesar da rotina gostar de limitar a polissemia.

Era só o que me faltava
cair na liquidez de sentir operar a imensidão
de ver Marama chegar pra morar inteira na linha do eu.

Saber da existência de Marama quase me não aconteceu
somos tão desnecessárias
dispensáveis uma à outra
e se eu tivesse coragem diria a ela:
Talvez nada precisasse de acontecer mesmo.

O fato de quase não ter acontecido não faz a
                              história extraordinária.
Eu mesma sempre subi.
Em tempo algum precisei de gente me chamando
para subir numa árvore ou elevador.
Já Marama nunca se importou em ter permissão para subir
Nem de alguém para acompanhá-la.

Cheguei a duvidar que ela pudesse ver o que fazia
subindo na árvore
entrando em mim.
Não porque esperasse dela
pudor ou timidez,
mas porque o que eu podia ver me assustava.

Fora de alguma árvore ela era atrapalhada.
Horas antes estava pelos corredores
com os passos apressados.
Levava embaixo do braço uma pasta simples transparente,
no ombro uma bolsa de tecido cru
e um casaco rosado que cheirava a guardado de longe.
Sem muitos charmes,
insegura como tantas outras que por ali passavam.

Conferia sistematicamente seus papéis.
Tinha ela levado tudo que precisava?
Certidão de nascimento;
carteira identidade;
cadastro de pessoa física;
uma fotocópia simples e o histórico escolar.
Enfim, ela era gente.

Prestes a se matricular no curso
e se tornar no presente no mínimo
minha colega de graduação
e talvez
no futuro
colega de profissão.

Esperei junto com ela o chamado atrás da porta.
Mesmo com a ciência do que viria,
não conseguiu esconder o pulo com o susto ao ouvir:
"Pode entrar, Marama?",
o chamado hesitante do funcionário.
ao passo que a resposta dela,
deu-se por entrar na sala aperreada.

Embaraçada ao observar
e esperar ansiosa sua saída
apreciei os fios de cabelo cor ferrugem-castanho
dispersos no suor da testa dela
franzida ao tentar ler os avisos em letras miúdas da sala.

Como assim mar ama?
Do contrário ama mar?
Do anagrama amaram?

Enfim, era ela mais do que só gente
além do registro civil
tinha no nome
um registro poético.

Quando saiu, fiz sua foto padrão de ingresso,
desejei boas vidas.
Ela agradeceu, partiu.
Acho que nem entendeu o que ouviu.

No meu cantinho, eu dispensei a imortalidade.
Desejei a mim reencarnar pra viver com ela
todas as suas sete vidas.

Atenção – tomar nota antes de seguir viagem

A gente não se surpreende com o que vê,
se surpreende com o que sente com o que vê.

Ou, ainda, nos não-dizeres de Manoel de Barros:
"O olho vê, a lembrança revê, a imaginação transvê."

Apesar da turbulência no início do semestre
ainda em sua primeira semana,
eu ao meu título de veterana
precisava corresponder.

Retomei aos poucos as cadeiras, os projetos,
alguns vínculos itinerantes...
Apertei forte a minha saudade contra o corpo das colegas
                                            que voltaram
desgarradas dos berços das suas cidades,
e tinham a alegria de retornar se formando no peito,
sem jeito disputando espaço com a saudade de casa,
que engatinhava no tempo.

Depois do almoço solitário
quente no restaurante universitário,
subi nove lances de escada para fazer dispersar
                                            os pensamentos.
O fôlego me abandonou já no quarto,
a partir do quinto eu só subia agarrada no corrimão,
no sétimo elevei o pensamento ao chuveiro
que me aguardava no nono andar.

Cheguei inteira, completamente suada
tentando adaptar as pernas ao plano
de ir até o final do corredor
pegar as chaves, limpar a sala, deixar meus livros lá
correr pro banheiro e ser atingida por uma nuvem negra
e na minha imaginação tomar
banho de chuva no chuveiro.

O suor que pingava do meu corpo
se misturava aos pingos do chuveiro.
Abruptamente interrompi o momento
me deu vontade de cagar.

Uma das atividades mais prazerosas realizadas em vida.
Na privada se repousa o corpo despido de modo particular,
universo privado do eu que dificilmente alguém invade.
Pena que nesse caso eu nunca soube traduzir prazer
                                em palavras bonitas,
no máximo um disfarce: vou ao banheiro e talvez demore.

Há quem tente usar a palavra "obrar", uma das substitutas
                                            de cagar,
mas essa é tão sofisticada que chega a soar ridícula.
Para as palavras defecar, evacuar, dejetar
eu faço o afamado "caguei e andei".
Eu protesto em defesa do verbo cagar.
Caguemos.

Limpei a merda que fiz no papel, e
voltei pra água.
Estava nervosa com a retomada do projeto,
trabalhar com oficinas é ter o corpo demasiado exposto.
E como o chamado a primeira reunião já tinha sido feito, e
qualquer pessoa da comunidade acadêmica podia chegar.

Agora vestida, penteada e seca eu estava pronta.
Tive que brigar com a porta pra sair.
Ela, pouco usada, custou a abrir depois que entrei.

De volta à sala de reunião
constatei que ela não estava pronta.
Esqueci de comprar os incensos
dessa vez recorri ao elevador pra descer.
Estranhei ele também descer e ter esse nome,
mas entrei assim mesmo.

Um chorinho cai bem tanto no ouvido
quanto ao corpo que dança.
Apelei.
Pedi um desconto e ganhei.
Se foi pela frase, pelo esforço na tentativa
ou só por dó
eu não sei.
Saí contente saltando com dois incensos nas mãos.

Minha presença no espaço-tempo
propagava nas paredes com aquela fumaça
enquanto as ervas queimavam densas na sala
eu buscava concentração.

A equipe técnica do ano passado
foi chegando
carregando a memória fresca do que tinha sido feito
do que não se fez,
das coisas que acordamos de não repetir.

Na sala pouco a pouco saiu a fumaça
encheu-se de gente,
os sapatos se amontoando na entrada.
Apesar de veterana, poucos rostos eu conhecia.

Os corpos distribuídos tímidos no tatame,
trocando os cumprimentos básicos para interagir
me acalmaram o nervosismo.

A verticalidade do prédio sozinha não fazia tudo,
mas contribuía para estreitar o convívio.
Podia-se viver anos por lá,
ir da graduação ao doutorado
e ainda assim não reconhecer a recepcionista do térreo.

Vi Marama entrar pela aorta.
Trouxe a mesma afobação do dia que fez a matrícula.
Era definitivamente outra sem estar numa árvore.
Agora eu também era outra com ela na sala.

Técnica vai, corpos vêm
e a gente não se toca.
No final quando era só conversa
descobri que Marama não era daqui
na verdade era, mas foi pra outro Estado logo que nasceu.
Agora voltou
para cursar a vida aqui
torci para que finque.

Marama fez uma apresentação extensa de si,
só não mencionou sobre subir em árvores.
Apesar de ser o que eu mais aspirava saber,
lidei bem a frustração.
Passeei nas imagens de suas histórias
como quem passa pelo varal tocando os lençóis
sentindo o vento trazer o cheiro do sabão às narinas.

Além dos tecidos lenhosos, Marama subia em tecido liso.
Essa segunda oração foi ela quem fez
em outras palavras.
Queria achar bonito, mas eu só fiquei com medo.
Não pelo risco de uma queda dela.
Se ela subia, ela sabia
ou no mínimo,
aprendia a cair.

Marama tinha sobrenome de bicho que nidifica em ocos
                                                      de árvore.
Informação que depois que dispersamos a reunião,
vi na lista de presença.
Lembrei que ela nasceu aqui,
foi pra outro Estado, depois voltou
compreendi: peregrina.
Pesquisei acerca do sobrenome como se tivesse lendo
                                                       a biografia dela.
Se o bicho tinha hábitos diurnos, então ela também o tinha.
O que seria um problema para minha insônia.

Li também que para matar as presas o bicho utiliza o bico,
quebrando a espinha dorsal.
Ela também usaria, supus.
Senti o frio correr na minha espinha de gente,
que, apesar de nova, anda tão gasta...
Tinha eu uma vantagem evolutiva se a relação vingasse.

Conjugação temporal mais que imperfeita
- a história ainda não elaborada

Subir e abraçar árvores foi prática difundida,
nos meses que se seguiram,
a Marama e certamente também a um tanto de gente.
A saudade de dar abraços teve de ser saciada em troncos
                                          enraizados no solo.

Antes, nos abraços, eu só queria ter os pés suspensos no ar
e o coração descompassado conversando frontalmente
                                                  a outro.
Agora, para tirar os pés do chão em segurança
eu teria de enroscar numa árvore e me sentir satisfeita.

Afetos antes expressos nos lábios
com e sem emitir uma palavra
ficam agora encobertos por uma máscara voluntária
de dessemelhantes tecidos que freiam indiferenciadas
                                                           gotículas.
O foco redirecionado e intensificado aos olhos
transmissão possível e segura a distância.

Participar dessa espiral de cansaço,
com uma ressonância etérea
ainda não me impediu de ver que no meio do céu
há uma esperança voando sem dono
e na metade dessa página da história,
está inserido um copo meio cheio.

Olhos em movimentos - trespassar quadrados e telas

Arrancar de fora o ar para inspirar nutrição,
e me exercitar no balanço da rede
para expelir inventividade
da palma da mão à planta dos pés
em direção a ter Marama como esponja que me oxigena, me
                limpa, me seca.

Limitada a ver a extensão de Marama em quatro linhas
uma vez por semana
eu sentia saudades do futebol.
Às vezes me distraía irritada com o canto do passarinho
ele que aparecia em todas as reuniões virtuais
não importava a hora
sempre da sua gaiola junto a minha janela
cantarolava alto e com vigor.

Eu deixava o microfone mutado durante as exibições
               do passarinho
e fechava a câmera quando decidia brigar com ele,
mas arrumava um problema também comigo fazendo isso
porque ficava o meu descontentamento expresso, gritante,
                 aparente
e não desfazia com uma pressão num botão autorizando
               minha imagem.

Colocar Marama em tela cheia era o meu apelo,
mas também o meu medo.
Poderia ela falar
e eu agitada com o canto do passarinho
demonstrar impaciência.
Lidar com esses estímulos externos
me cansava mais até do que precisar fixar a tela de Marama
					sempre que alternava.

Eu me imaginava tocando meus lábios nos dedos
e os meus dedos beijando molhados a grama,
antes de entrar de vez em campo e iniciar a partida.
Isso até o gato de alguém da equipe do projeto derrubar
					algum item de mesa.
Marama então sorria e eu me aquecia
como se tivesse sido eu quem protagonizou a graça.

Ah, como seria um desafio!
Frear meu riso de timidez descompensado,
conter a sensação de que pelo meu rosto todo eu dizia
envolvida, entregue, mexida,
à beira de acusar W.O.

Por sorte, a atividade da semana seguinte era
                              sobre autocuidado
e para compartilhar com outra pessoa do grupo.
Por outra pessoa eu entendi Marama.
Eu tive certeza de que seria ela,
todavia não tive ideia do meu auto, menos ainda cuidado.

Era triste não lembrar o que eu tinha feito nos últimos dias
não conseguia acessar nada
minha ciência se perdia no desejo da prorrogação.
Redirecionei a linha para entender
isso tangia o contato com Marama.

Preparei duas versões
uma mansa suficiente para uma atividade de curso
qual sucedia no máximo um diálogo polido,
outra era desnuda
das pinturas que eu não arriscava fazer
e por isso usava água nem pincel,
mas borrifador em paredes-telas de quadros efêmeros.

Qualquer objeto molhável servia de contorno,
infiltrava na superfície das paredes-telas,
sobretudo em parcelas de mim,
com pressa para evitar secar.
Afixava mão, calcanhar, dedo mindinho do pé,
e o que mais viesse à altura da cabeça ou do peito.

Moroso contar que o processo envolvia nudez
atroz omissão
presença de inverdade
que me obliteraria
tangente a isso uma certeza:
não havia prudência.

Apostei no todo.
Entreguei a Marama dois cocos que meu corpo pulsava.
Um era de Bongar, outro do Raízes de Arcoverde.
Além de três dos meus melhores
nominados "áquadros", executados nas paredes-telas,
fotografados nas suas fugazes existências,
e, quatro linhas de um texto que nunca cresceu de uma só
e pela primeira vez que falamos sós.

Intimidade nascendo no sítio da timidez
do futuro e do passado
porque Marama digitava como se fosse envelopar
                                        a mensagem.
Escrevia, escrevia, parava, escrevia.
Quando finalmente enviava, era quase nada,
só umas palavras miúdas e ainda abreviadas.
Metade Macabéa, metade Fabiano.

Dois dedinhos de conversa eu insisti em puxar
um banquinho para Cátia de França cantar:
"Porque é da Natureza matar quem morre de medo".
E a prosa continuou, uma vez que Marama conhecia.
Pousou por uns tempos nas terras onde nasceu França,
dançou a noite toda o show dela e já me convidou
                                        pro próximo.

Eu puxava de cá, e ela mexia de lá um pouquinho.
Madrugada adentro seguíamos ligeiras
com promessas de cansar a canela em rodas de cocos juntas.
Subiam-se degraus na janela da nossa conversa,
e a despeito da lembrança dela ser um bicho diurno
mantive voluntariamente remota
até que ela adormeceu sem se despedir.

No outro dia o azul parecia ter o mesmo tom
logo cedo disse a Marama
do significado do meu nome
a data do meu aniversário
e interesse em receber
ela-presente.

O dela
era quase já
queria comidas baianas
músicas cantadas ou escritas
ainda se possível plantas cactáceas
indiferente se fossem outras quinquilharias.

Eu já ou eu nunca
duas figurinhas usadas no primeiro entretenimento
com músicas para ser comedida
no anteparo virtual
de temporalidades e expressões eclipsadas.

Excitava risadas presas às quatro paredes
subterfúgio de abrir fechadura
com uma brincadeira
gerar chão batido de passagem
um flerte adentro.
Se houvesse recusa era só divertimento
mas se emanava calor, tinha seriedade.

Caranguejo - raiz do meu afogamento

Na noite anterior, eu e meu ritual de criação de áquadros
culminamos num objeto esférico
de dois trópicos de fronteira
com uma tesoura aberta no meio.
Era o que eu podia dar sem saber do que se tratava.

Treze minutos passados do dia dezesseis
mês do dia internacional da amizade e de férias
porém até então não nos referenciávamos amigas
bastava ser e dizer somente tu ou eu.

Esse foi o tempo que passei para escrever a mensagem
                                            que perdi
mas fiz outra no solo devastado do esmorecimento:
Tenhas tu a serenidade para ser aprendiz em um novo ciclo
onde o presente, passado e futuro te sejam constelações
em que possas navegar sem medo e sem se demorar.

Recebi dela um convite para um parabéns remoto
por acanho meu, indeferi
incapaz de fitar Marama no meio de seus outros vínculos.
Em pressuposições contingentes
sobre ela dançar na festa ou rir sem parar de quem dançasse
eu sustentava a madrugada aguardando minha vez.

De súbito o anelado se fez
Marama me ligou no aplicativo do celular
todavia foi por um toque errante de seu dedo
que reprisou por noites seguintes a peraltagem
nos momentos de minhas diáfanas nudezas.

Meandros antigos – a materialidade da sexualidade e além dela

Se fosse um gato, diriam que era merda
prontamente responderiam que se trata de osso se fosse
                                                     um cachorro
no entanto, como é sobre é gente
em toda área de "conhecimento" se diz uma coisa
mas ciscam igual galinha
rodam como ratinhos pelos ares e chegam ao nada.

Em nossa defesa
digo, em nome de gato, cachorro e gente,
incluo desta vez,
poetisas, cientistas e merda,
nós também somos impalpáveis
putrefatos indesejáveis, aéreos e soezes.

Sejamos ilógicas com brio, ao menos
a escassez irrelevante da existência
desapegadas da compreensão corpórea
contentes em sentir a estesia sinestésica.

Esconderijos - as farpas do primeiro conflito

Marama parou de rir e passou a ficar sem graça
eu, impaciente e medrosa.
Ostensiva quantidade de flertes
sem se associar a uma função lúdica
arranhava nossos diálogos.

Eu insistia em saber por que ela ficava sem jeito
porém, Marama escapava, trocava de assunto.
Minha vingança então era secar inteira
fazendo birra sem atender suas mensagens
ou respondendo grunhidos escassos:
"hum."

Minutos de escuridão na tela
suficientes para perceber o desencontro
desmantelar minha guarda
Chamar Marama em todas as redes que eu a tinha
pedir desculpas e enfim, arrancar dela uma resposta
também um segredo
além de um medo da gravidade que a relação tomava.

Dessa vez eu, molhada, troquei de assunto
convidei Marama para ver um filme
a despeito de saber que ela não gostava
mas ela ainda assim aceitou
conferimos dezenas de títulos
e no fim assistimos uma produção que deixou a desejar.

**Conversa com Victoria – a volta pra casa
depois do primeiro encontro**

Minha querida amiga Victoria,
sei que estás cansada dessa rede social,
da comunicação virtual sem limites
mas preciso te dizer que aconteceu:
eu e ela trocamos as águas que correm dentro da gente.

Ainda estou com o cheirinho de erva-cidreira
propagado no meu corpo
oriundo do colar difusor dela
o que só soube depois que perguntei

Quis conferir minha lucidez
saber se ela também sentia aquilo
e se nascia ali ou vinha de outro lugar.

Lembra das pitangas que colhi?
Primeiro, sem autorização, e depois com o apoio
                                    do proprietário?
Ao contar pra ele um pouquinho da história
ali pela primeira vez eu vi
pessoas amantes,
essas que fazem do amor um exercício,
dispostas em ajuda mútua.

Ele, mais alto que eu
alcançou com as mãos aquelas que eu tentava tirar ao
                                    lançar pedras,
mas na sombra da pitangueira eu fazia minha parte
escrevia um poeminha concreto
pra ele desarrumar
depois escrever ele mesmo
um pro amor que o aguardava retornar do quintal.

Eu posso lembrar, Victoria,
todos os cheiros, sentimentos e imagens que senti
em cada momento deste dia.

Desde as rodas do ônibus
o álcool secando nas minhas mãos
as batidas quase dolorosas do órgão no peito
junto com os ponteiros do relógio
me consumiam apressados.

Era pra ser uma tarde de almoço saudável
conversa vagarosa
descoberta lenta do que a tela do celular não mostrava
mas eu vi o sol se esconder pelos olhos dela
vi o céu em diferentes cores dispersar com timidez
diante dela
e vorazmente li Clarice Lispector
com sua cabeça pousada em meu ombro.

Cheia de palavras nas mãos,
entrei mais do que no apartamento dela.
Sem rosa dos ventos,
meu Sul eram as linhas
que irrigavam
seu corpo.

Resta na minha boca ainda café
ela tomou
quando eu distraída
arrumava meu cabelo sem forma
mas se eu também baguncei ela
disso não posso reclamar.

Tu bem sabes, minha amiga
Que eu não gosto de café
mas eu não conseguia sair sem mais um beijo,
sem mais um toque
Eu definitivamente quase não saí
quase pedi pra ficar nos braços dela
e ela no meu
revezando durante as horas da noite
dormência que podia se instalar.

A chuva começou a cair grossa quando descemos
no elevador
eu não conseguia olhar pra ela
desviava para ler os avisos do condomínio
tinha medo de que lá tivessem câmeras
e me filmassem ainda sedenta
com o corpo refém dos movimentos dela.

Da cabine escura e automática da portaria
ouvimos um boa noite sem rosto
respondido no susto enquanto passamos espremidas
para evitar se molhar com a chuva fria de fora
caminhando até a ponto de ônibus tropeçando os pés
depois de enroscar as pernas e ter entre elas
o líquido aquecido, agora, dentro da roupa.

Te escrevo em trânsito
em versos
para não reduzir os sentidos
porque não sei dizer sobre ela
obedecendo os limites dos signos.
Além de que uma mensagem de voz,
sobre isso
poderia perturbar o cotidiano
do ônibus inteiro.

Depois de ter saído do bairro dela
passei no Recife Antigo
desci na Praça do Derby
esse Estado de poesia
em qualquer parede
lambes
de Chico César à Miró da Muribeca,
na janela eu não estou só de passagem.

Subi em mais um coletivo
trouxe comigo os pensamentos na contramão,
engarrafados porque tempo é a roda da poesia da viagem
junto a *Menina Mulher da Pele Preta*
canção de Jorge Ben Jor que tocava em mim
desde o primeiro segundo que a vi.

Ainda assim te peço desculpas se me alonguei na conversa
eu chego no Terminal Integrado de Xambá agora
próximo do meu bairro
um dos tantos "altos" de Olinda
sem saber o que fazer
confesso que ainda nem tomei banho
há uma gutação da qual não quero me desfazer.
Meu frágil corpo talvez nem suporte esse sentir.

Obrigada por me ouvir
me ler até aqui
repouso na tua amizade acolhedora, Victoria
esteja aberta também para receber
meu carinho que estou a te enviar.

Permuta - os cabides diversos sem roupas

Voltar a se tocar em telas resfriadas pelos ventiladores
depois de ter sentido o corpo todo quente em mãos
tornava ainda mais insaciável os chamegos verbais
aos poucos, feitos intermitentes por Marama.

Da quase inércia verbal e física dela
meus questionamentos
revisões de dedo a dedo
a buscar reaver se fora traçado o caminho da sutura
na corrente pulsante dos desejos
daquela Marama que vi pesar em mim horas atrás.

Correu-se dias com Marama em influxo
retirada umbilical do nosso devir
para uma formação sedimentar
em razão humana que não se compreende
o que o gato esconde embaixo da terra
e depois a galinha cisca e come.

Do meu lado da tela, a queimação no peito
reconstituindo as cenas como se jogasse sete erros
pintados num papel ideal compartilhado
quando se podia ter sentido sem desejo
sem fim ou expectativa.

Cru - se doer a gente sente depois

Amar anteontem não é o mesmo que amar cinco dias atrás
na palma da mão o desejo de amar o mar deserto
                                        descascando silêncios
sob a pedra lascada irreconstituível
contradiz a indecisão frequente que fora anunciada.

Emerge da cognição o julgo do tempo dos processos
Como a covardia questiona a coragem que não pode voar
mas que afinal, sabe-se que se guarda
as duas juntas, escondidas na asa da esperança
e só então se pode flutuar completamente.

Suspiros de água-viva boiando translúcidos
porque compartilhar o cais incita rodopios
pedaços afundados à altura de dois dedos na areia
a sufocar as ondas de gozo que o mar traz à praia.

Esse negócio de (a)mar ainda vai me levar a nada(r).

**O tecido – eu que nem sabia subir
tive que aprender a descer**

Na manhã seguinte outra era eu
o corpo ainda em chamas
expelia de mim a mim mesma
onde permanecia a casca em forma
com um mínimo de força para se deteriorar.

No entanto, fui encontrar outro corpo
seco de tanto cigarro,
mas ereto, duro
suficiente para adentrar minha figura indiferente
e de uma dimensão ansiava ultrapassar
da superficialidade ao vazio.

À Victoria - minhas desculpas operárias

Minha cara amiga Victoria,
em mim só existe ausência
uma carcaça com cheiro de um estranho
que volta para casa num ônibus daltônico
mas que te pede desculpas pela falta do serviço de hoje.

Sei que não tem sido fácil para nós duas trabalhar
comprando olhos novos para fechar
e lentes escuras para não ver
o risco do contágio
e as vidas que se perdem com o vírus.

No entanto, temos nos emprestados as mãos
para manter um emprego remunerado
destas ainda que com palavras tão secas
e é por isso também que te peço desculpas
todavia sei que me compreendes
com tudo que sobrou de mim
agradeço por teres resistido ao trabalho por nós duas.

**Desembaraçar – ainda sem ter definido
o que fazer com o tecido**

Não sei sob o que se assentava
ou qual estrutura de teto se assegurava
meu desejo de permanecer com Marama
e da parte dela, estar comigo sem corpo.

Mantivemos contato virtual sólido e cotidiano
subtraídos os chamegos verbais
o prazer que restava era espaço amorfo à futuridade
onde caminhávamos errantes.

Feira – é preciso que eu entenda as sutilezas do número de interrogações?

Tomar as mesmas medidas de exposição
é tantas vezes uma demonstração de confiança mútua
que antes de ser expressa
causa nó na garganta
e alteração do ritmo respiratório.

Nas interlocuções, Marama soltava e puxava a si mesma
eu aparava os matos que encobriam
permitia-me então também ser vista
assim ficávamos abertas
a deliberar coisas sobre como em algumas conversações
um ponto-sinal é súplica auditiva
quando conjugado mais de um, desenha aflição
e se repetido, esculpe pormenores assimetrias.

Mesmo um palavrão
quando escrito
é oco
pasmado
sem abalroar ninguém
mas se sobre ele se estabelece
uma empreitada
se no íntimo dele
alguém arroja um grito
este ganha vitalidade.

Ainda que seja uma palavra robusta
ou uma outra qualquer debilitada e nuga
sem presença as palavras não tocam
a porta da minha orelha.
Não estremecem vibrantes
as cartilagens doloridas
fazendo-me subir e descer os dedos
em massagem agitada,
também não me abrem maçanetas
não me penetram
no tempo e no sentido
au! di ti vo

Praia – querer meu corpo somente diluído em água e areia

Saudade não cresce pela metade
pode até começar pequena e fraturada
no entanto se sacia apenas com consumo integral
embora contingente do que tenha sido o bastante.

Um mar cumpre bem o sentido da incerteza
Marama assim devia pensar
com tanto sol no quengo
e a boca cheia de sal
seria árduo desobstruir o desejo.

Lugar perfeito ao primeiro reencontro corpóreo
exceto pela desarmonia comunicativa
reparada pela minha saudade do mar
e da parte de Marama talvez corrigível por culpa.

O trecho era o mesmo da primeira vez
quando não ficamos no mar
naquele um dos tantos quiosques verdes
próximo de coqueiros num ponto enumerado
na Avenida Boa Viagem de referência
qual pelo desencontro Marama chegou com atraso
contudo, eu já tomava axé.

Enquanto estava no brilho
fase que antecede a embriaguez
observei Marama chegar ofegante
os músculos da minha face realizaram então
movimentos indistintos silenciosos.

Queixas e explicações de Marama pairavam
na imensidão do mar se esvaiam sossegadas
tempo que os lanhos se abatiam em mim
ávida pelo final daquelas alegações
com o afago do despir dos trajes.

A cabeça pensava com os pés
ou aquela não comandava
estes que desimpedidos se aconchegaram ultrapassando
                                    cangas
enquanto eu e Marama preenchíamos as bocas de palavras
útil tática de gerenciamento do desassossego.

Com os mesmos pés frouxos se andejava ao mar
uma de cada vez
à espera e à espreita da outra
com exclusão de disputas ou posse
se dava e se trazia do mar o que nos apetecia.

Tanto pisar no mar foi o estopim do desgoverno
subiu ao poder do meu corpo todo
a vontade daquele entrelaço que se fazia nos pés
mas eu encobria algumas vezes fechando os olhos
outras encarando o sol por uns segundos.

Me ardia toda a despeito do protetor solar
qual Marama repassava em mim sem rodeios
parecia indiferente a minha alteração respiratória
e à secura dos lábios que minha língua tentava umedecer.

Sal – tirar o que ardia no banho

Reticente fui tirar o mar no chuveiro de Marama
refazendo o caminho:
o cachorro na banca de revista
o elevador lotado de avisos
do corredor ao banheiro
a pele em chamas
dolorida com a queda d'água doce.

Ela rápida, saída do outro banheiro
bateu à porta do meu
conforme acentuava
a sua pressa em comer
o almoço requentado
no balcão apertado
para quatro pernas pulsantes

Agora tinham as bocas ocupação outra
moer grão a grão além das palavras
estendeu por horas o almoço
postergando a volta ao quarto
e a agora saída rápida.

Acontece que aconteceu novamente
repouso da cabeça de Marama em meus ombros
o peso do seu corpo reclinado ao meu
suporte
enquanto a gente observava
a foto velha do seu RG
gasto na mesa de estudo.

Sucede que em cima de meu outro ombro
minha bagagem pesada e molhada
anunciava a despedida breve
retornando mais uma vez as parada de antes.

Enquanto o ônibus não vinha
agora na ausência da presença da mãe de Marama
vivida instantes antes no apartamento
éramos mais que pés
enroscávamos inteiras
o silêncio, a carícia nos cabelos,
as incompreensões sentidas.

Abraço que terminou com as portas do ônibus abertas
e a impaciência de quem de passagem ou passageira estava
diante daquele que era o único e ininterrupto do encontro
anteriormente a viagem de Marama ao sul do país.

Despedida – por mim em Olinda, 20 de outubro de 2020

Gosto da oportunidade de me despedir
embora a nossa comunicação siga a distância de
                                          redes sem fio
aproveito para ficar quase assim sem roupa
como quem permuta despedir e recria o despir

Separei uma foto do meu pé conversando com o mar
registro que fiz pouco antes
daquela sua chegada atrasada e afobada ao nosso encontro
diluída no marulho que se misturava ao que eu sentia
e que não sabia se era um castelo que aguentava a onda

Mas todo esse arrodeio é para te dar mais um abraço
                                                     apertado
desejar que você se cuide
e dizer que quando voltar
talvez encontre minhas mãos alterando a ordem das coisas
não mais escrevendo carinhosamente
mas enfim inscrevendo todo o afeto na tua pele.

**Direito - primeiro expresso amo tu ainda
em 20 de outubro de 2020**

Pela liberdade de impressão de sentir
Marama disse
o primeiro registro
com todas as letras
pessoas envolvidas
e uma única forma escrita
para os diferentes modos de sentir:
"eu amo tu".

**Passado – interferência enquanto eu
acreditava que nem existia mais**

Um copo com água evaporando
dedicado a ele meu olhar atento num curso de paciência.
Às plantas
confiando meus segredos,
ao tempo,
a cura.

Inserindo por vezes a minha mão cansada de mim
nos cadernos cheios de orelhas,
manchados de molhos diversos,
pelas marmitas fracas que levava na mochila
correndo e no balanço do ônibus durante o pré-vestibular,
para então escrever pra tu
no meio de uma anotação
sobre física nuclear,
acerca de coisas que quis
mas nunca te questionei frontalmente
e só agora regurgitam:

Não gostas de cabelo enrolado?
De pelos debaixo dos braços?
Só os da face?
Perto dos lábios?
Eu tenho uns perdidos
talvez seja até mais bonito
ter mais espaço pra caminhar
e se perder.

Por que tu não fala nada?
Não me escreve?
não me co-
agita;
responde?!

Ao menos canta
a música de alguém
pronome demonstrativo
do teu amigo
ou aquela de Jorge Ben.
Eu sei que tu gosta
de umedecer meus olhos
porque embaçados eu vejo
um pouco menos preta
a tua pele
e fica um pouco mais bonito
o teu sorriso branco.

Tu se divertias com o passado ereto
mas raso
supérfluo.
Queria eu acreditar
sorrindo escondida
do outro lado da tela
contrariada
querendo ser teu presente
orgânico
temporal.

No peito batendo asas
Eu, os versos de Mario Quintana tomava:
"Eles passarão...
Eu passarinho!".
Ainda que com medo de altura.

Éramos sóis - duas a nascer e morrer no clube da luta

Havia sempre um pó cinza
depois que a gente sentia o febril da conversa esfriar
soprava um grão errante de areia do mar
assistia um irromper de semente na gente
que não lembrávamos se tínhamos plantado
junto às lágrimas
a gente deixava escorrer fora,
nós duas fazíamos aguar dentro
num relicário indicativo de pretéritos imperfeitos
resistíamos juntas aos finais.

**Caixinhas de fósforo – conversar água
sobre outras coisas cotidianas**

A perna suspensa no ar
ante a cabeça
no espelho
ao nordeste
sentido anti-horário

Marama a contar gotas
ordinárias sobre aquelas
cujas vidas eu tanto vi, tanto soube
e já repetidas vezes
estas me lembravam a elas mesmas
como se fossem
para mim, outras
conhecidas pessoas.

Nas águas de uma delas
correnteza e luz
pariu-se ao mundo nosso
onde Marama a compartilhar as peraltagens dele
o fazia constituir-se tecido a nós
a cria
aninhada em algodão.

Dos besourinhos aos primeiros cinco passos
dados no concreto quintal ao lado da mãe
que com a idade próxima da nossa
já tantas era
e precisava ser
contra o risco de ser reduzida a uma.

A cria era um pé-de-mosca
pauta que formava afluentes de Marama e eu,
o pouco que lembrava de quando tinha menos um metro
era a imagem na minha cabeça, do porteiro a me olhar
um maracujá velho sentado na cadeira vermelha de plástico
a menina costumeiramente esquecida na escola
que aos filhos dele subtraía o tempo da presença.

Havia ainda as lembranças alimentícias
coloridas dos legumes e verduras que,
introduzidos sem aviãozinho,
com a pressa que vinha de quem precisava repô-los na mesa,
às vezes retornavam da minha boca ao prato,
constituindo a sopa de letrinha que antes de denotar
                                                    alfabetização
resultava em ficar sem brincar o resto da tarde.

Marama tinha diversos registros:
fantasias de carnaval; formatura;
os primos e primas dispostos como dominó
entre os degraus da escada da casa da avó;
a seleção audiovisual para comercial que ela tentou; e
o cartão-convite do aniversário dos cinco anos,
misturavam-se às imagens do pequeno agarrado ao
                                        mordedor.

Caetano
quase o nome civil da cria
era pano para falarmos das canções do Veloso
e construir dizeres indiretos com os títulos do Buarque:
"*Amando Sobre Os Jornais,*
Amanhã, Ninguém Sabe
O Que Será (À Flor da Pele)"

Nuvens tão cinzas quanto os prédios
ainda que esparsas
corriam derretidas
produzindo contornos frugais
que nas línguas precipitavam mais pormenores
como acerca da planta que cresceu três andares
e nos perguntamos se era então comum aos vizinhos
ou se tratava de uma guarda compartilhada
ou se seguia como propriedade do andar onde estavam
                                          fincadas as raízes
teria o síndico de intervir?
a natureza se adaptar aos limites da propriedade privada?

Um mar intenso - o dia do meu aniversário

Eu lembro de viver o resto do meu dia relendo
a poesia de Tatiana Nascimento
na canção de Luedji Luna
presente de aniversário
que Marama me mandou distante
enquanto eu estava no mesmo cantinho nosso
marcado antes
no dia que quase nos desencontramos,
mas nos reconciliamos no
a
mar.

A areia meu biquíni carregou até em casa
embora eu gostasse do fundo
e confiasse em Janaína
nas placas de permissão de banho
não me impediam a prudência
da invenção de deitar com os cotovelos na areia
o que já era o corpo inteiro quando as ondas vinham
porque de Boa Viagem eu sempre só quis levar em mim
uma cicatriz
o sal da boca que estava ainda mais longe.

Na mensagem de Marama
a primeira que abri ao chegar
tinha uma foto do pequeno
todo forte, crescido
com os cabelos desde sempre rasos na cabeça,
a gengiva desesperada coçando no mordedor,
me fez sorrir de corpo todo ainda infiltrado de mar.

Não tirei o riso, só a roupa
mantive enquanto lia o que Marama escreveu
sabia que tentaria,
eu me divertia pensando no esforço
seus dedos ensaiando durante horas
se fazendo e desfazendo
pares pressionados uns contra os outros.

Ainda bem que a gente gostava de dançar
e que dançava como podia
ora com passos e ritmos nossos
confortáveis e seguros
ora arriscando uma dança nova
sendo conduzida e cedendo
aos desejos e encantos da outra.

Finalmente eu disse, escrito:

Sinto que o que gosto em você é capaz de me implodir
e fico sem saber se e quando vai acontecer
se vai sobrar estilhaço pra remontar.

Ainda parece que estou diante do mar imenso
me assustando e me atraindo sempre
acolhendo a sede que me dá
e que ao mesmo tempo me umedece.

Quero te dar minha malinha pra tu carregar
e quero pegar a tua
pra gente caminhar juntinhas
dando passos e trocando bagagens.

Afinal eu disse, em áudio:

Y eu amo tu
y todas as coisinhas tão nossas
de coragem y medo
de corar
gemendo
com o dengo do "y" nas conversas corriqueiras
y de me lançar a gravar áudios cantando
músicas pra te enviar
y de saber que a gente diz amo tu y que o porquê disso
                                            não importa.
Não "eu te amo".
Não "eu amo você".
Nem "amo-te".
Amo tu.

**Ter paciência com o sentir - acerca dos
nossos sentidos de clube da luta**

Além de você, espero que Cátia de França me compreenda
porque uma pisada dessas eu só sustento se fizer nas
                                                entrelinhas.
Te peço, pois, uma concessão para falar de Deise.
Mais que isso, apelo também aos teus sentimentos por mim
recorro a eles para que você tenha paciência comigo.

Eu sei que perco a mão muitas vezes
nas metáforas, nos pedidos...
Mas eu também tive que aprender
me colocar no lugar de paciente
cliente ou usuária
para sentir o que sinto por você sem me cindir.

Escaparam alguns estilhaços, admito
porque na peneira mesmo depois de triturada
a semente do maracujá transpassa.
Podia te incomodar o pó na garganta, às vezes
mas o líquido ia junto para te acalmar.

Trouxe Deise ainda muito pequena e ela
assemelhava a mim quando criança
recusava performar beleza em foto.
Tentei tirar o melhor da minha câmera
não obstante ganhei o insucesso em te mostrar as
                                                       duas coisas.
O combate ao desfoque da câmera às miudezas vivas
configurava uma etapa anterior a ela própria.

Sol, água, um bom solo e vaso não foram suficientes
Deise invariavelmente era a mesma
exceto pelas folhas que amarelavam dia após dia
atestando sua decadência natural
marca de vida útil encurtada.
Quando se refere às plantas também se chama
obsolescência programada?

Meu sossego chegou ao limite
o cuidado com as plantas exige medidas extraordinárias
como a espera e a temida cisão
que deixa o coração fimbriando na terra.
Um músculo disfuncional neste caso.

Não ousei criar muitas expectativas com Deise, mas
                                          investi alto:
húmus de minhoca, farinha de ossos
tudo pelo seu bem-estar.
Deise seguia um toco.
Não aguentei e podei.
Na tora removi com corte diagonal o seu topo.
Passei na canela
devolvi pra terra mexida pela minha revolta
sem acreditar numa vingança.

Os dias passavam arrastando a vida de Deise.
eu, já sem ferramentas nas mãos, não intervia
deixava os pensamentos dando conta
pairados junto aos meus pés suspensos
gastos de tanto buscar saídas.

Segui com a recomendação de bastante sol
que aquecia o pó de canela em Deise.
eu umedecia a ferida exposta,
ela continuava murcha, coitada e torta
nessa altura eu já tinha entregado.
era zona de cuidados paliativos.

Deise voltar ao pó não iria demorar.
Eu estava certa e descansada
o enterro seria ali mesmo
no vaso onde ela nasceu
só precisaria encobrir com mais terra e estava acabado.

Como estava pra morrer, fiz um chá
sem saber
qual Deise gostaria ou poderia tomar
se faria quente ou frio
se essa seria sua última refeição solicitada
dessa condenada
à pequenez e à terra.

Pra mim,
fervi gengibre,
espremi limão
peguei um pouquinho da canela de Deise
tomei quente como pinga.

Na terra já estavam dois goles
pra quem come antes
e aquele que recebe primeiro
alargar a passagem.
Um brinde e um adeus à Deise.

Se eu disser que não desejava, estaria mentindo.
Se eu disser que não esperava
estaria mentindo também.
Deise viveu
brotou uma vingança do lado esquerdo do toco.
Veio logo com seis folhas
uma para cada entrada nas portas da tua casa, Marama.

Está conforme meus áudios, Marama?
Tu ainda me vês e me ouves até aqui?
Houve silêncios
algum sentido teu apreendeu?
Houve dispersão
mas se tu voltar ao início
vai perceber que eu sempre desrespeitei as linhas
escrevia as palavras igual criança a aprender a escrever
inevitavelmente como se as palavras fossem parar no espaço.

**Em travessia - devaneios enquanto
Marama voltava ao Nordeste**

Nas entrelinhas havia um prazer
inadvertido, sem respeito ao tempo
tantas vezes desencontrado
subversivo aos teus hábitos
adentrava de madrugada
em terreno de funcionamento rarefeito.

Comigo, às vezes, apresentava-se pela manhã
no intervalo entre um sono e outro devaneio
embora o vinho e o toque tenham sido noturnos
atraso de fuso sem erro de medida
ou interstício do nascer
assentimento a rodagem do gozo.

Ervas daninhas - um hiato com sulcos

Correr pro lado oposto e te encontrar no espelho
não foi minha escolha, Marama, eu tentei
confesso que tentei mesmo
subtrair os afetos refletidos que me invadiam
mas acabei contraindo meu corpo na cama gelada
coberta dos pés à cabeça,
usei meias folgadas
seguindo tuas recomendações:
esquentar as extremidades para evitar a dor.

Depois da mudança eu me livrei de algumas delas,
pensei até que você fosse uma,
e que eu podia esquecer dentro de uma caixa no carro do
                                                                                  frete
deixar lá sem identificação, sem número pra contato
de repente misturada com objetos descartáveis
como algumas das minhas revistas velhas da adolescência
e umas calcinhas gastas.
Essas coisas me fariam falta,
ainda assim valia o esforço a tentativa
evitar a possibilidade do teu resgate e devolução.

Não me serviram os panos
tirei tudo e acendi um cigarro,
o cheiro que você repulsa.
Porém houve um tempo que já quis se aproximar
                                    assim mesmo
se tivessem também os meus lábios ao menos gelados
pelo gosto de uma cerveja barata.

Se foi mais uma tentativa pra te afastar?
talvez
mas você também me afasta
tem mais opções pra isso:
faz consumo excessivo
de alho, cebola, café,
além do gengibre,
esse que eu até reconsiderei
pelo bem que pode fazer a minha garganta seca.

Se desde o início tivesse sido pelo desejo dos teus lábios
                                                                                              em si
agora eu teria mais sorte com a distância.
De fato, eu quis abrir espaço na tua cavidade bucal
adentrar nua com meus versos nela
em cautela exploratória
contar umas estrelas do céu e escapar de fininho.

Nua e tanto, viva, eu satisfeita com as aberturas e saídas
do teu sorriso que não precisava ser grande demais para
                                                                 me arrancar o gelo
ou das tuas palavras monossilábicas que pareciam
                                                                        encantadas
e saíam espremidas da tua boca nos criando encruzilhadas.

Resistor - a mensagem que não te enviei quando eu não estava bem

Em algumas noites qualquer fio de cabelo seu eu queria
mesmo aqueles que você perde no pente
depois junta, faz um ninho com eles friccionando as mãos
em seguida você olha, certifica que não vai sentir
a ausência visível de todos os fios desprendidos
segura o tufo com o indicador e o polegar
e sem peso o descarta no lixo do banheiro.

Qualquer fio desse que eu pudesse recuperar, recuperaria
um pouquinho da esperança que se esconde de mim
toda vez que é final de domingo.
Podiam ser aqueles mais frágeis que não enrolaram no tufo
ficaram resistentes e dispersados em sua mão
ou ainda naquele cantinho do pente que sua unha não
                                              alcança tirar,
eu pegaria para colocar no meu travesseiro
aninhar minha cabeça cansada nele
para então dormir com você dentro e fora dela.

Segunda-feira – ainda não amanheceu completamente

Te fiz um café com canela
Pra te dar forças e te manter acordada.
Um café bem forte para eu sentir entrar em mim
o cheiro intenso mesmo sem tomá-lo
vindo até mim da tua xícara alaranjada
foi a que encontrei mais próxima de tua cor favorita.

Queria não ter deixado a pia cheia de pratos ontem
disputando tua atenção comigo
agora que eu não sei por onde começar a falar.
Meus olhos inseguros custam por ficar abertos
tive uma noite longa,
mas não tenho certeza de que tudo se passou somente
                                                  essa noite.

Vê que eu não estou me desfazendo das coisas
estão todas dentro de mim e bem na tua frente agora
ruminando.
Posso tentar arrancar e expor as raízes,
no entanto
não pode ser aqui e desse jeito
nem contigo.
Vou ligar e marcar uma sessão para fazê-lo outra hora.

Já não sei para onde ir mais
se chove e o galo não canta
com a sombrinha colorida que eu levo na cabeça
aparando a difusão dos pensamentos
que debaixo das pernas quando pulo
o metrô subterrâneo só afunda.

É que cada pontilhado é um rojão explodindo por dentro
nem tesoura ou trocadilho dariam jeito
mesmo se eu intentasse um engana povo
golpeava dedo com martelo e serpentina.

Você sabe que jamais fiz fantasia.
Engraçado que logo esse ano não vai ter nem carnaval...
Não o carnaval que acontecia toda vez
que eu queria te dizer algumas coisas bonitas
e enfeitava as palavras como quem lança confetes coloridos
                                                                         pelas ruas.

Refiro-me precisamente ao carnaval de subir ladeiras
tomando três por dez
com o sapato de uso anual mais gasto que temos
reservado apenas para aguentar
cinco dias de folia sempre que chega fevereiro.

Amiúde – a previsão é de chuva

Dilatação amplifica o som no meu ouvido
como minha respiração ofegante
dos suspiros nos áudios
é evidência da caixa torácica comprometida
comprimida pela extremidade
uma vez que o relevo dos sentidos
acelera a diluição do gelo barulhento
malquerença das paredes no copo americano
sob os limões murchos e sem açúcar
em rodelas que não descem inteiras
interpreto forte combatente a chuva ácida
a desdenhar teus quietos silêncios.

Na verdade, por eles eu tinha apego
quando mexiam disformes
a presença no antes intocável vazio
pacífico do teu peito assimétrico.

Lavar meu rosto com essa água gelada
ou identificar através de imagens
a localização dos sentimentos que guardei
seria apenas um capricho do desespero,
sem trazer resultados palpáveis de extração.

Paradoxalmente, não estou negando o que vivi
foi tanta coisa que se eu pudesse teria registrado
numa superfície externa e sólida,
resistente às intempéries de existir que eu encontrasse.

Não sentir anelo de tomar banho de
mangueira nesses tempos,
é tão difícil quanto não fazer anagramas ao cantar
Voltei, Recife,
com a vontade de me amar no teu corpo me arrastando
pelo braço
expressa em todos os pontos da agulha que fez a tua
existência
tecida em mim
uma colcha de retalhos da tua presença
invocada por telepatia.

Substitui então a corrida atrás dos bloquinhos de rua
pelo pulsar no teu ministério da renitência
ainda com o ventilador nos esfriando
como se eu não soubesse que naquela porta
a saída dava na cozinha.
A gente bem que podia requentar.

Na minha teimosia eu fitava a maçaneta
espremia o olho que voltava com o reflexo da faca.
Sim, estou me referindo agora ao encontro no teu quarto.
Pelo que consegui contar
um apartamento de seis portas
e tua irmã com uma só chave
a qualquer momento
seguiria os feromônios, nos encontraria
já que esses sim, incomensuráveis.

Terça – a que não é de carnaval

Sinto meu corpo molhado na cama
deságue que temo não estancar
as palavras em naufrágio
em meio a inquietação que divide meus passos
não me revelam o tempo que correu.

Certeza e situacionalidade eu só tive quando vi no celular:
hoje era terça-feira de algum mês em dois mil e vinte e um.
A previsão do tempo não aparecia,
a localização se encontrava desativada.
Mas o que me importa é saber o que vivi
com quem estive e o que atrasei ou perdi.

Não posso ter acordado assim
com os pés fora da cama
e os cabelos tão desenrolados
sem que nada me tenha acontecido.

Sucedeu como um sim acontece.
Papéis descartados no chão
um vendaval patrocinado pelo meu ventilador
este funcionava, o que significava que
qual fosse o tempo passado
algo havia resistido

Peguei o que sobrou do meu caderno dos sonhos no chão
etílicos pensamentos de fenda
registrados com líquido de artefatos diversos
amanho irregular expansivo
alguns ainda frescos
com última edição feita há segundos.

A exiguidade do tempo é inconfiável
diante da contramão a possibilidade de criar
e prender letras errantes e andarilhas.
À vista disso, Freud deve levitar da terra
propagando sorrisos densos no ar.

Há um nome tão estrangeiro à mim
repetidas vezes escrito nesse caderno
supostamente referido a uma pessoa
apesar de que eu nunca havia pronunciado antes
ou até mesmo escutado alguém falar
no tocante à ideia tola de misturar "mar com ama".

Seja lá quem o fez e o que pensou
nomear alguém com "Marama" não foi por amizade
é tão estranho quanto passar de vinte e oito de fevereiro
para existir no dia seguinte em um de março.

Preciso encontrar o número e ligar para a psicóloga
que era atualizada semanalmente das minhas inconstâncias
ela deve estar habilitada de saber posicionar a tal Marama
em alguns dos vestígios da ontogênese
de minhas infindáveis relações tríades.

Ela deve ter ficado para trás
toda sessão tinha um passo no pretérito
e embora eu não lembre demasiadamente do antes
nem ainda esteja apta de entender o que me aconteceu
sei que agora é uma outra linha tênue e vaga
linha do futuro.

Ao sol - cinzas de uma amorfa ainda verde

Meu pé rasga o amanhã com o silêncio
dilata a pedra do incomum anagrama de amaram
nutrido estrangeiro em mim
só um artefato de sonhos inquietos?

Durante o tempo em que tudo está escuro
eu nesta ocasião, sol presente
ilumino o que não se quer ver
aquento até mesmo o que debaixo da terra de si
tentou-se amorar.

O dia nasce me abrindo
eu me faço sol ainda de noite
mesmo quando chove
e pinga muita água barulhenta
tal é meu outro modo de irradiar luz solar.

Dentro eu nasço expandindo *aquela*
arraigada nos seus sentidos
simultaneamente entranhável
como um verbo no infinitivo
para qualquer conjugação que me mobilize.

Folhas reservadas à Marama - se ela ainda quiser me ler

Há uma porta no teu olhar
que me abre.
Talvez não somente por tu ser tu
mas também porque em ti eu encontro tanto sobre mim
e assim fico simultaneamente te amando e me amando
algumas vezes, te odiando e me odiando
outras vezes, me amando e te odiando
ainda, ou me odiando e te amando.

No nosso terceiro encontro me senti tão impotente
não consegui dizer que amo tu
mas na tua presença me senti tão forte.
Foi como se tudo que sinto por tu naquele momento
tivesse ganhado vida além de uma simples existência.

Somente quando cheguei em casa entendi
a diferença entre sentir e dizer sobre o que se sente.
Eu não sabia sentir, nem o que fazer com o que sentia
no desespero quase engoli um papel em branco, inteiro
virei de um lado pro outro
e tirei na esperança de que nele pudesse sair
impresso, traduzido ou inscrito, um qualquer sentido
mas aposto que se tivesse feito, o papel ia sair todo preto.

Marama, aqui estão todos os sentidos e o sentir
agora, materializados nessas poucas palavras
já que todas as que eu tinha,
somadas àquelas que inventei pra te dar,
te entreguei.
E ainda há tantas outras que eu sinto que precisam ser tuas
se quiseres, sem aperreio elas nascerão
inscritas à minha mão sobre a tua pele.

Não consegui responder de imediato
urgentemente pensei
enfim os lábios secos de sal e sol
todavia era Marama
que movia por completo a água do meu corpo
as extremidades
e ainda conseguia ajustar a temperatura.

- editoraletramento
- editoraletramento.com.br
- editoraletramento
- company/grupoeditorialletramento
- grupoletramento
- contato@editoraletramento.com.br
- editoraletramento

- editoracasadodireito.com.br
- casadodireitoed
- casadodireito
- casadodireito@editoraletramento.com.br